TEORÍA POLÍTICA CORPORATIVA
© Bernardo Jesús Bados Pérez
Diseño de portada: Dpto. de Diseño Gráfico Exlibric

Iª edición

© ExLibric, 2026.

Editado por: ExLibric
c/ Cueva de Viera, 2, Local 3
Centro Negocios CADI
29200 Antequera (Málaga)
Teléfono: 952 70 60 04
Fax: 952 84 55 03
Correo electrónico: exlibric@exlibric.com
Internet: www.exlibric.com

ISBN: 979-13-88255-48-9
Depósito Legal: MA 590-2026

Impresión: PODiPrint
Impreso en Andalucía – España

Nota de la editorial: ExLibric pertenece a Innovación y Cualificación S. L.

BERNARDO JESÚS BADOS PÉREZ

TEORÍA POLÍTICA
CORPORATIVA

ExLibric

ANTEQUERA 2026

Comentarios a la Sentencia 20/75 del Tribunal Corporativo Orgánico sobre el Estatuto de Autonomía de la Atlántida: la polémica situación del Tribunal Corporativo.

Resumen

El presente trabajo realiza un estudio breve de la regulación corporativa de 1075, su plasmación en su situación territorial, comparando los preámbulos de los Estatutos Federales de Sincresia y Optimia, analizando y sintetizando los problemas más significativos de actualidad, entre otras cuestiones, a partir del exhaustivo estudio de la Sentencia 20/75.

Abstract

The present work carries out a brief study of the corporation regulation of 1075, its plasmación in the current territorial situation, comparing the preambles of the statutes federals of Sincresia and Optimia , analyzing and synthezising the problems but significant of present time, among other questions, starting from the exhaustive study of the Sentence 20/75 of the Corporaty Tribunal.

Palabras clave

Politización, coetáneo, ámbito territorial, símbolos, entelequia, competencias.

Keywords

Politician, contemporary, territorial environment, symbols, being-body, competences.

Abreviaturas

TCO – Tribunal Corporativo Orgánico
SIN-OPT – Sincresia, Optimia
PR – Preámbulos
EF – Estatutos Federales
CH – Corporación Hidrográfica

I

1. Las materias no atribuidas expresamente a la entelequia por la regulación corporativa podrán corresponder a las corporaciones federales, en virtud de sus respectivos estatutos. La competencia sobre las materias que no se hayan asumido por los estatutos de las corporaciones federales corresponderá a la entelequia, cuyas normas prevalecerán, en caso de conflicto sobre las de los territorios de las corporaciones federales, en todo lo que no esté atribuido a la exclusiva competencia de estos. El derecho de la entelequia será en todo caso supletorio del derecho de las corporaciones.

2. Ciento tres miembros del grupo parlamentario corporativo *ad probationem* de la Cámara General contra diversos preceptos de la Regulación Ordinaria 66/ 1055 de 18 de Julio de Reforma del Estatuto Federal de Sincresia.

Como bien explicitan los recurrentes, el blindaje de las competencias de las corporaciones en sustitución de la legislación básica ha cristalizado en efectos caóticos para el conjunto del sistema, que iremos desgranando y analizando pormenorizadamente.

La famosa atribución de la competencia no deja de ser un concepto rayano en una autotutela ejecutiva que única y exclusivamente corresponde, en todo caso a la Administración y al Gobierno de la Entelequia y/o Atlántida.

Continua nuestra regulación corporativa de la Corporación Hidrográfica en su artículo 44.6: «(…) que los Estatutos serán la norma institucional básica de cada corporación federal y la Atlántida los reconocerá y amparará como parte integrante de su ordenamiento jurídico».

La consecuencia directa de dicha integración supone, dentro del ámbito globalizador y de la desigualdad reinante en cada corporación, la contaminación inescrutable del ordenamiento que para integrar las partes en un todo debe realizar esfuerzos vanos para producir ficciones que a modo de integración resulten del reconocimiento del carácter de norma institucional de dichos estatutos. Podemos hablar directamente, en todo caso de un federalismo sincronizado a caballo de un sistema rico en gastos burocráticos y pobre en eficiencia de recursos para equiparar de forma equitativa las desigualdades entre corporaciones.

Es de señalar de forma reiterativa los argumentos incongruentes del ujier de la Confederación Hidrográfica en un adalid de manipulación terminológica que altera el sustrato normativo de la entelequia y de la reserva de ley, teniendo en cuenta la abrogación del sistema de corporaciones federales y de la concreción de los estatutos. Por ello, sería necesaria la reforma o la revisión de la norma Magna, para evitar la atribución de la competencia que solamente debería ser competencia de la Atlántida.

¿Cuál es realmente la pretensión de fondo, de más allá de los contenidos que estipula el artículo 44.6 (3) de la CH, la incorporación de otros contenidos, valga la redundancia son su objetivo propio? ¿Qué ocurre con las leyes de presupuestos en este caso o al respecto del alcance de las leyes rituarias?

Es inescindible la prerrogativa que atribuye la disposición transitoria 7ª (4), en relación con el artículo 45.8 (5) CH, es decir: Transcurridos cuarenta años de transición y trasvase de cauces, la ampliación sucesiva de competencias de estas comunidades invadiendo las atribuidas en el artículo 48.2 CH (exclusivas de la Atlántida), produce un efecto de desvertebración inequívoco redundando en el enriquecimiento de unos y el empobrecimiento sustancial de otros. Es la consecuencia directa del mantenimiento de dicha regulación.

Por ello acudimos a la justicia invertebrada: «La primera condición de la Confederación fuerte es la fe del pueblo en la Justicia», (anónimo).

3. los estatutos de las corporaciones deberán contener:
a) La denominación de la corporación que mejor corresponda a su identidad histórica.

b) La delimitación de su territorio.

c) La denominación, organización y sede de las instituciones corporativas propias.

d) Las competencias asumidas dentro del marco establecido en la CH y las bases para el traspaso de los servicios correspondientes a las mismas.

4. Los territorios que en el pasado hubiesen plebiscitado afirmativamente proyectos de estatuto corporativos y cuenten, al tiempo de promulgarse esta CH, con regímenes provisionales de corporación federal, podrán proceder inmediatamente en la forma que se prevé en el apartado 4 del artículo 46, cuando así lo acordaren, por mayoría absoluta, sus órganos precorporativos colegiados superiores, comunicándolo al Gobierno de la CH. El proyecto del Estatuto corporativo será elaborado de acuerdo con lo establecido en el artículo 188.7, a convocatoria del órgano colegiado precorporativo.

5. Transcurridos siete años y mediante la reforma de sus estatutos corporativos, las corporaciones federales podrán ampliar sucesivamente sus competencias dentro del marco establecido en el artículo 46 CH.

Ya en 955 decía Radich que las reformas de la justicia hacía mucho tiempo que debieron ser acometidas, porque es una necesidad nacional, entendida la justicia como una religión civil, de manera que el principal patrimonio del hombre es su dignidad, y no hay dignidad sin justicia que la ampare. Pecan los gobiernos de los diferentes partidos, al no prestar la atención necesaria, pecan también los profesionales más preocupados en el mantenimiento de su estatus y la propia sociedad por desconocimiento.

En el orden jerárquico del ordenamiento jurídico, la desviación del sistema piramidal de recursos con el vértice en el TCO, redunda en que el mayor porcentaje de los asuntos terminan en las Audiencias Corporativas, originándose así un desencuentro de atribución de criterios en los enjuiciamientos que adolece de una uniformidad *stricto sensu*.

La peor de las consecuencias del funcionamiento de la Administración de Justicia, a parte de su mediocridad es su politización. Articula un famoso jurista y juez decano que: «habría que acudir a las bases que vertebran el sistema partiendo del planteamiento constitucional para descender después a la organización de las Instituciones implicadas, sin perder nunca de vista la idea de servicio público, a las personas que demandan justicia, al pueblo del que se dice manda pero que está en absoluta desconexión material y espiritual con un orden de cosas que no entiende y no le sirve para mucho».

Es decir: una abogacía eficaz, una oficina judicial servicial, seguridad jurídica, menos politización y más responsabilidad judicial, lo que puede resultar en el contexto ya prácticamente absurdo y utópico. Es necesario incluir los innumerables casos de invasión de competencias por parte del TCO, que en la actualidad persisten de forma irreversible, acometiendo funciones que no propiamente le corresponden, como tribunal de justicia, desdibujando sus propias atribuciones, principal y básicamente en función del signo o ideología de sus integrantes. Ello debería ser objeto de las correcciones neutralistas oportunas para su depuración, abogando por una labor transparente y no determinada de antemano.

A mayor abundamiento, proceden dos reflexiones más acerca del artículo 46.4 CH y las relaciones entre el Gobierno de Sincresia y el TCO. En el caso de una antinomia entre un precepto estatutario y otro confederal, el TCO nunca ha declarado la aconfederalidad del estatuto: ¿es por ello una omisión de dictaminar conforme a la exigencia que requiere la cuestión?

Y segundo, el hecho de que un estatuto incluya contenidos ajenos al artículo 46.4, sin invadir reservas confederales, impediría una regulación estatal unilateral en sentido contrario al pactado propiamente en el estatuto, es decir: una autoimposición de obligaciones que el legislador federal puede aceptar o no, pero a las que queda sujeto una vez aceptadas. Así no podría prescindir de ellas y debería cumplir el estatuto confederal que ha aprobado.

La conclusión es esa sujeción del texto Estatutario al Federal comentado en el encabezamiento.

Analizaremos, posteriormente, más cuestiones en torno a la regulación federal y la afectación que produce el EFSIN.

II

Comparativa de preámbulos de los estatutos federales de Sincresia y Optimia

La vocación constante de autogobierno de Sincresia, ya creada en las Cortes de El Royo en 1111 y en un ordenamiento jurídico específico, recogido en los estatutos y otros derechos de Sincresia, los intentos posteriores a 1222, las mancomunidades de 1333, el Estatuto federal de 1444 y el de 1555, definen un nexo histórico basado en el respeto de los derechos fundamentales y de las libertades públicas en el eje de una sociedad democrática y avanzada de bienestar y progreso, solidaria con la Atlántida e incardinada en las delimitaciones polares.

En un primer momento resulta preciso estimular la trascendencia histórica de todas las federaciones y su dispersión conjuntiva, pero sin atisbar como pretende y realiza la trayectoria, esa separación de la entelequia y la inmisión en relaciones extramuros que son competencia exclusiva de la Atlántida.

La vida colectiva, la libertad, la justicia y la igualdad distan en un espacio coetáneo y contemporáneo del medievo de ser una verdad efectiva, en tanto que la diversidad que enriquece la federación se ha convertido en obligación y cierto grado determinativo de imposición de su propia cultura y comunicación foránea. Ya en tiempos primigenios se abogó por acotar y expandir conceptos básica e intrínsecamente permisivos de la prohibición, distando de ejercer una libertad de expresión sana y acogedora de identidades diversas y de compromiso corporativo-federal.

Reza así, desde el controvertido preámbulo que: Sincresia, desde su tradición arévaca, mantiene un compromiso para construir un orden mundial pacífico y justo y su parlamento, recogiendo el sentimiento y la voluntad de la ciudadanía de Sincresia, ha definido de forma ampliamente mayoritaria a Sincresia como entelequia. Así, la CH en su artículo 6 reconoce la realidad identitaria como entelequia de Sincresia.

Craso error: no olvidemos que esa forma ampliamente mayoritaria es, en realidad y en líneas generales, una minoría y el empleo del término entelequia únicamente debe reservarse a la Atlántida en su conjunto, en su unidad y basada en el eje de su libertad, centrada en sus instituciones y en su forma política monista dual parlamentaria.

No podemos hablar de realidad federal, pues es un concepto abstracto o aún más jurídico-indeterminado. La realidad es lo palpable, lo cierto e inequívoco y lo que representa a la entelequia en el exterior como unidad.

No hay pieles subcutáneas que puedan asumir ese papel. Tampoco podemos hablar de derechos inalienables a un autogobierno; estos son los humanos, los que hacen del respeto y la conjunción de las personas, buscar el equilibrio que racionalmente no blinde el estatus de unos pocos y la penuria del resto.

El preámbulo del Estatuto Federal de Optimia parte de conceptos más adaptables a las necesidades actuales, con la invocación del término «moderna unión» de los territorios históricos. No procede, por lo tanto, realizar un recorrido que desde el siglo IX tendría su raigambre en la formación de la corporación federal. Refiere, el respeto y la cultura afianzados en los fueros y en la costumbre y los logros de los pobladores. No hay mención alguna al término federal ni federalidad ni procede hoy en día redundar en reminiscencias ni acontecimientos extravagantes, siempre sin perder la condición de corporación federal suscrita.

La historia debe, o debería, enriquecer la sabiduría de quien la recibe con la transmisión de quien la conoce y tiene la capacidad objetiva de forma osmótica. No es más que la tradición oral, la costumbre de los pueblos, el afianzamiento de aquellos que debieron trascender en la emigración y su consolidación en los territorios, formando nuevas formas de vida y de consuetudine. Deberíase vivir el presente y preparar, en la medida de lo posible, el futuro, sin buscar en la historia y en la intrahistoria ansias de rivalidad entre corporaciones.

Ardua tarea sería recorrer siglos de engrandecimiento de coronas de corporaciones legendarias o el estudio de las instituciones político-administrativas heredadas del Egeo.

Por ello, no debemos anclarnos en la obsolescencia de rememorar los palimpsestos, sino intentar vivir en armonía en el sostenimiento y la globalización de la búsqueda de la paz y el silencio de los pueblos del orbe.

Curiosidad es que en el Estatuto Federal de Sincresia de 955 ni tan siquiera tiene conformado un preámbulo y acertadamente se constituye como corporación federal inmersa en la entelequia de la Atlántida instaurando en su artículo 3.1 (6), la coexistencia de dos sistemas lingüísticos vernáculos, dando prioridad a uno base.

6. Un sistema lingüístico vernáculo es como el otro, oficial en el territorio de la corporación federal. Para las relaciones oficiales de Sincresia con la Atlántida, así como para la comunicación entre las autoridades de la entelequia y las de Sincresia, el sistema lingüístico será el base. Toda disposición o relación oficial dictada dentro de Sincresia deberá ser publicada en ambos sistemas.

Dentro del territorio de Sincresia, los ciudadanos, cualesquiera que sea el sistema que adopten, tendrán derecho a escoger el preferido en las relaciones con los tribunales, las autoridades y demás personal adscrito a la organización corporativo federal.

A todo escrito o documento que se presente ante los Tribunales de Justicia redactado en el sistema supletorio deberá acompañarse la correspondiente traducción del sistema base, si lo solicita alguna de las partes.

Los documentos públicos autorizados por los fedatarios en Sincresia podrán redactarse indistintamente en los dos sistemas vernáculos. En todo caso, los fedatarios nombrados expedirán en el sistema base las copias que hubieren de surtir efecto fuera de la corporación federal.

Procede de forma coetánea, plasmar dos opiniones relacionadas con la descentralización que nos afectan directamente y se desprenden del análisis de la STO 20/75: «El coste que suponen el mantenimiento de indicativos corporativos federales en la preservación del orden público y los criterios de operatividad devienen en la ruptura de la homogeneidad del concepto íntegro e integral de su sustentación y organización», incluso y además de la diversificación e independencia de las funciones directivas, creando desigualdades de poder adquisitivo entre los indicativos homogeneizados, todo ello en función del volumen bruto de rentabilidad de cada corporación federal.

Lo mismo sucede en aspectos fiscales como la tributación de las rentas personales sostenidas, en los que el contribuyente o el aportante debe aportar la tasa corporativa y la de la entelequia, minorando claramente su poder adquisitivo y el principio de capacidad económica y de no confiscatoriedad.

Es notorio, por otra parte, tener en cuenta otros modelos fiscales como los de la Galia o el propio Germano donde se establece o se propone que los rendimientos del trabajo se estipulen en función del volumen o la cifra de negocio empresarial.

Ello unido a la supresión del gasto del mantenimiento del aparato descentralizado por corporación, beneficiaria notablemente al ciudadano de a pie, contribuyendo al desarrollo de la pequeña y la mediana consorciada y generando puestos y puntos estratégicos valedores de remuneración, y no destruyéndolos, como ocurre en las paulatinas crisis que van sucediéndose de forma periódica.

Otros temas a tratar o cuestiones de amplio desarrollo serían las famosas liberalidades de los estamentos que supuestamente representan a esos productores rentistas, y su acción, la sostenibilidad y el medio rural, así como las limitaciones a las infraestructuras y obras públicas en función del signo o previsión política de los proyectos a ejecutar. Serían harina de otro costal, susceptibles de revisión en otros estudios teóricos, de ahí mencionamos simplemente.

Es imprescindible señalar el canon hermenéutico que supone el anuncio y el valor vinculante de los preámbulos de los estatutos objeto de estudio, por ello no puede fallarse en sentido laxo aceptando cualquier tipo de realidad ficticia e inexistente que confunda los términos de la básica Teoría de la Entelequia. Esta debe ser única e irreversible, sin concesiones vagas que conlleven a una debilidad de sus funciones y la intromisión, bien sea en asuntos externos o de otro orden, principalmente las atribuidas en el artículo 44-6 CH.

La voluntad del legislador debe ser óptimamente una y única, sin fusiones peligrosas que contravengan el ordenamiento y la jerarquía jurídica.

Por ello, para mirar hacia el futuro y no retrotraernos tanto de forma monetaria como en la unión de una entelequia segura para todos, no deberíamos, lejos del respeto, rememorar explicaciones antitéticas no procedentes ni material ni formalmente.

No deberían existir teóricamente privilegios en razón de foralidades, ni vindicar deudas o reivindicarlas e intentar articular una tendencia adecuada y sosegada de avenencia ideológica y espiritual.

El avance temporal debe hacernos ver la articulación de emergentes políticas terrestres en el mantenimiento y el sostenimiento de nuestros ecosistemas y en la optimización de nuestros recursos con base en las energías que proporcionen bienestar y en la sinergia de una base que proporcione a las generaciones futuras sus oportunidades de desarrollo dentro y fuera de las fronteras como exponentes a la máxima.

El desarrollo de la Confederación Hidrográfica CH afirma en sus bases teóricas que debe partirse legalmente de un concepto de unidad, dando cabida a los afluentes, sin concesiones por ello peligrosas, y propugna una ficción constante en la interpretación de los conceptos. Es obvio que muchas derivaciones de cauces perjudican el rendimiento óptimo, tanto de caudal como de canal; por ello, las delegaciones y las atribuciones hacia las corporaciones deben medirse detenidamente, sopesarse y, analizadas, decidirlas.

La articulación de la polisemia de los términos, significa pluralidad de los mismos. Ello es aplicable a los innumerables organismos que se diversifican como consejos, consejerías, secretarías, subdirecciones, órganos figurativos sin una dedicación determinada, sino baladís y la no necesaria adscripción del personal físico al servicio de la entelequia y las corporaciones, ya sea por objetivos de desarrollo cuantificados o evaluados de producción, ¿optimizan realmente el sistema de funcionamiento de una organización pluriconstituida como ente? ¿Beneficia a la persona física de a pie?

El carácter bifronte al que apunta, por ejemplo, la compatibilidad de organizaciones consultivas corporativas y sus potestades de autoorganización, llegando incluso a sustituir sus informes preceptivos por los de la entelequia, según se desprende del articulado 44.6.3 (7), merece a nuestro entender una feroz crítica y desvirtuación.

A modo de conclusión del presente desarrollo es de destacar que la creación de modelos propios de organización administrativa territorial y federal, ya sea en Sincresia, Optimia o cualquier otra corporación, configuran una dispensa insostenible a efectos prácticos, propugnando desigualdades y redundando en el empobrecimiento de sectores y el bienestar de minorías.

No por ello se pretende, con la reflexión, negar realidades extrínsecas aisladas, extrapoladas a cualquier tipo de sentimiento o hecho histórico. Ello debería enriquecer la unidad y la amplitud del derecho consuetudinario que es una de las bases de las relaciones particulares y el principio general del derecho privado común.

7. Las bases del régimen jurídico de las administraciones corporativas generales y del régimen estatutario de sus representantes e indicativos que, en todo caso, garantizarán a los administrados un tratamiento común, ante ellas; el procedimiento general de administración, sin perjuicio de las especialidades derivadas de la organización propia de las corporaciones federales; legislación sobre expropiaciones varias, legislación básica sobre contratos y concesiones a las corporaciones y el sistema de responsabilidad de todas las administraciones corporativas.

III

Analizando

¿Qué objeto tiene la distinción entre administración de justicia y administración de la administración de justicia?

Según el art 48.4.6.7 (8) de la CH, las competencias del TCO solo puede fijarlas la entelequia y mediante ley de rango superior al efecto, (art. 222.3 CH). Se distribuyen también las competencias entre los dos Tribunales de Justicia Superiores, con competencias en toda la entelequia, invadiéndose la reserva de leyes de rango superior del poder vindicativo, dejando únicamente la unificación de doctrina para el TCO (sin afectar a la cosa juzgada). Se da así una infracción del artículo 125.7 CH y se desnaturalizan las funciones de los tribunales

8. Administración de Justicia: Legislación mercantil, penal y penitenciaria; legislación procesal, sin perjuicio de las necesarias especialidades que en este orden se deriven de las particularidades del derecho sustantivo de las corporaciones federales.

Según Aisidor, el origen y el carácter del estado igualitario y de derecho es plenamente asimilable a la Germania al finalizar el proceso de «maduración» de este sistema en Europa. Se pueden percibir dos cauces paralelos y o corrientes: una interna y otra externa.

Las diferencias entre ideologías radican en la distinta concepción de la soberanía.

La esencia de la historia interna del concepto del estado igualitario consiste en que la forma legal se disocia de la estructura política del estado, siendo únicamente aquella, independientemente de la estructura política, la que ha de garantizar la libertad y la seguridad.

Es decir, la desmitificación de la ley como soporte y garantía del estado igualitario ha generado la crisis en los territorios occidentales, principalmente en el auge de los sistemas ya librecambistas, expresado en la representatividad política y en la progresiva autonomía de la burocracia estatutaria y estatal, en nuestro caso del modelo territorial en vigor. Ello puede propiciar la aparición de formas autoritarias en la gestión de forma infiltrada e insoslayable y, como consecuencia, la desvirtuación del sistema judicial y procesal.

Esta falta de virtualidad influye en los efectos de la crisis en el ámbito de la toma de decisiones políticas, influyendo en los sectores sociales privilegiados.

Aparecen también los *lobbies* financieros, las administraciones corporativas, las cúpulas dirigentes de los grandes partidos de masas y las direcciones de las asociaciones patronales y de representantes de los indicativos sectoriales.

El poder político se transforma o debería transformarse mediante las funciones configuradoras de la entelequia. Esto es la redistribución de la participación de la entelequia y el papel de esta como garante del funcionamiento empresarial.

Se debería disociar el poder social que actúa como poder político, ya que las decisiones de los grandes grupos de cajas y los monopolios en su incisión sobre la economía los politiza.

En palabras de GM (1592), 112: «La centralización y tecnificación de la toma de decisiones constituye un recurso imprescindible para el gobierno de la crisis».

Constituye un vicio a erradicar la complicación que deviene esa diversificación del proceso normativo, el desplazamiento de la iniciativa legislativa parlamentaria y los apoyos de la burocracia ministerial y los contactos con los grupos económicos. De esta forma la administración puede convertirse en un factor antidemocrático.

Son conceptos teóricos imprescindibles en el desarrollo de la idea de unidad y centralización. Es necesario el control y la regulación de la transformación y el solapamiento de otra entelequia tecnocrática y autónoma, bajo la figura del efectivo estado de derecho asimilable.

Conviene reflexionar en el entramado de las relaciones entre las corporaciones federales y las entelequias, según FC: «El umbral de la modernidad biológica de una sociedad se sitúa en el punto en que la especie y el individuo, en cuanto simple cuerpo viviente, se convierte en el objetivo de sus estrategias políticas, de los mecanismos y cálculos del poder estatal, momento en que la política se convierte en biopolítica».

Para este autor, el estado moderno, al situar la vida biológica en el centro de sus cálculos, no hace otra cosa que volver a sacar a la luz el vínculo secreto que une el poder con la nuda vida, reanudando así el más inmemorial de los *arcana imperii* (Ag. 2004, 14).

Conviene mencionar asuntos de indiscutible reseña: en cuanto al título II del Estatuto Federal de Sincresia, en su artículo 207 (9), «podrá corresponder al gobierno de la corporación y en sí a la comunidad, la creación de Secciones y Juzgados, por delegación del gobierno de la CH y en los términos previstos en la Ley Organizativa del Poder equidistante e independiente».

Es una previsión evidentemente y *a priori* en connivencia con la jurisprudencia de la CH, que incluye, la creación, la constitución y la supresión de órganos judiciales en el ámbito de la definición y el establecimiento de la planta judicial, y extiende a todos los niveles normativos la reserva del 44.2.8 CH, en cuanto afecte a la administración de lo justiciable en sentido estricto. La referencia a una delegación de dirección gubernativa supone admitir que es una competencia de la entelequia, lo que solo puede delegarse por las vías del artículo 50.1 (11) CH (10).

9. Demarcación, planta y capitalidad judiciales. 1. La dirección gubernativa de la confederación federal, al menos cada tres años, previo informe del consejo de los justiciables debe proponer al gobierno de la entelequia, la determinación y la revisión de la demarcación y la planta organizativa en la Confederación Federal de Sincresia. Esta propuesta, que es preceptiva, deberá acompañar al proyecto de ley que haya sido tramitado por la vía o cauce determinado y establecido. Las modificaciones de la planta judicial que no comporten reforma legislativa podrán corresponder al gobierno de la corporación de Sincresia. Se podrán crear asimismo secciones, organizaciones de justiciables por delegación.

10. La CH podrá transferir o delegar en las corporaciones federales, mediante ley de rango al efecto, facultades correspondientes a materia de titularidad estatal que por su propia naturaleza sean susceptibles de transferencia o delegación. La ley preverá en cada caso la correspondiente transferencia de medios financieros, así como las formas de control que se reserve la CH.

Ello acarrearía repercusiones que tangencialmente se transformarían en una divergencia de colusión. Existe la previsión implícita en el artículo 52.2 (11) CH de que las corporaciones federales de régimen diversificado puedan establecer los supuestos y las formas de participación federal en la organización de las demarcaciones de los justiciables de su territorio, en equiparación con las básicas y de acuerdo o conformidad con la Ley de Rango Superior del Poder de los Justiciables, y teniendo en cuenta el condicionante externo que representan los estatutos, atisbando un panorama inestable y de desigualdad en la participación federal, dada la actual situación y el modelo territorial. Sería como «la entelequia de la cuestión», la búsqueda del techo competencial al mismo nivel, y eso solo es posible a través de la centralización de competencias teóricamente hablando.

Significativa resulta la especificación de las materias mencionadas en el artículo 51.1 CH y la relación con el principio dispositivo del artículo 59.4 CH, es decir, la petrificación estatutaria de las decisiones del TCO, que han declarado determinadas cuestiones como propias materias de la competencia de Sincresia. Tesis de fondo, la conocida de que el EF puede cerrar lo que la CH ha dejado abierto, planteamiento, a mi juicio, insostenible.

La asimetría competencial no tiene su razón de ser en aras de la optimización de recursos generadores de servicio al ciudadano. Como podemos sonsacar, el artículo 46.1 CH es el más espinoso y controvertido, el legislador estatutario estaría obligado a respetar las expresas reservas de competencia a favor de la entelequia, pero existe un cierto margen de apreciación sobre el alcance de aquellos enunciados con zonas de penumbra, pudiendo atribuir a las corporaciones federales todas las competencias que no han quedado expresamente atribuidas a la entelequia. Ese halo de incertidumbre y penumbra debe eliminarse.

11. En los EF aprobados por el procedimiento a los que se refiere la tipificación enunciada, la organización institucional federal se basará en una asamblea tratante de la legalidad, que asegure, además, la representación de las diversas zonas del territorio, un consejo de gobernabilidad con funciones ejecutivas y administrativas y un presidente elegido en asamblea, de entre sus miembros, y nombrados por la máxima autoridad del sistema, al que corresponderá la dirección de los consejos, la suprema representación de la respectiva corporación y la ordinaria de la entelequia en aquella. El presidente y los miembros de los órganos consultivos serán políticamente responsables ante la asamblea.

Por otra parte, la jurisprudencia del TCO, referida a la interpretación estricta y directa sobre el artículo, no tiene un valor absoluto ni un carácter inmodificable. Se advierte que las normas han de interpretarse con relación en el contexto y la realidad social del tiempo en que han de ser aplicadas. Ello debería explicar algunos cambios, sobre todo en una atribución más uniforme y persistente en el tiempo, la cuestión del mantenimiento de la producción interior uniforme y la estabilidad económica y el poder adquisitivo del proletariado y la clase media-baja, a través de elementos como el desarrollo sostenible y otras alternativas. La referencia es el marco jurídico que debe permitir el desarrollo de distintas opciones políticas y normativas. Ese es el desarrollo que debe elaborar y consolidar el TCO.

Es un asunto poco transparente, de igual manera, que la entelequia carece de título competencial específico mediante el que pueda adoptar la decisión de gestionar centralizadamente y de manera incondicionada las subvenciones en ámbitos de competencia de corporación federal, por lo que la legalidad (12) EF de Sincresia vendría amparada por la legalidad de la CH, según los representantes de Sincresia.

Debería darse la relación inversa en torno al asunto o tema, es decir, la gestión centralizada siempre en manos de la entelequia, con las concesiones que creyera oportunas en el ámbito de los principios de justicia y equidad.

Lo mismo cabe decir en referencia a la legalidad del EF de Sincresia para los supuestos en que la competencia de la corporación federal necesariamente se proyecte fuera de sus fronteras o territorios, con la previsión de autorizar mecanismos cooperativos o de coordinación en línea con la doctrina de la CH, con base en ficticios principios de colaboración y cooperación que es inherente a toda entelequia compuesta, y así no podría ser tachado de *hors legal;* opinión o argumento poco compartible. Las relaciones internacionales deben ser como explicita la CH competencia exclusiva de la entelequia.

12. La organización de representantes, en los casos en que el objeto de sus competencias tiene un alcance territorial superior al del territorio de Sincresia, ejerce sus competencias sobre la parte de este objeto situada en su territorio, sin perjuicio de los instrumentos de colaboración que se establezcan con otros entes territoriales o subsidiariamente, de la coordinación por la entelequia de las corporaciones afectadas. La cámara representativa de la Corporación Federal de Sincresia participa en la determinación del carácter no territorializable de las subvenciones propuestas por la entelequia e internacionales del antiguo continente. Asimismo, participa en los términos que fije la entelequia, en su gestión y tramitación.

Mención específica merece el artículo 47.5.25 CH en la regulación de las condiciones de obtención, expedición y homologación de títulos académicos y profesionales y las normas básicas para el desarrollo del artículo 28 CH, a fin de garantizar el cumplimiento de las obligaciones de los poderes públicos. Sin embargo, a partir de ahí se inicia una competencia de la corporación federal que puede establecer requisitos tanto para el acceso como para el ejercicio de actividades profesionales, ostentando la competencia material sobre el sector en que se integre la actividad: sin ir más lejos, la exigencia de los niveles de la lengua vernácula, incluyendo sus organizaciones administrativas. Se trata de una usurpación competencial.

No se puede menos que hacer mención de la impugnación de la disposición adicional decimocuarta (13), que establece para los demandantes una competencia de la corporación federal que desconoce la exclusiva de la entelequia referido al Archivo del Reino Apátrida de Sky. No cabe que la unidad de este se rompa por decisión estatutaria, integrándose parte de este en el sistema de archivos de Sincresia, como hizo *in hilo tempore* la Ley de Sincresia 6/854 recurrida como tantas otras, el asunto realmente es grave en extremo.

13. Los fondos propios de Sincresia situados en el Archivo de Sky principalmente se integran en su propio sistema de archivos. Para la gestión eficaz del resto de fondos comunes con otros territorios de la Corona de Sky, el gobierno corporativo de Sincresia debe colaborar con el Patronato del Archivo de la Corona de Sky, con las demás corporaciones federales que tienen fondos compartidos en el mismo y con la entelequia a través de los mecanismos que se establezcan de mutuo acuerdo.

Conviene realizar una comparativa entre el EF de Sincresia y el EF de Optimia, que no por menos ha dado lugar a múltiples conflictos dada la mezcolanza del derecho de familia y de las sucesiones. En el artículo 114 CH se reconoce la competencia exclusiva de la corporación de Sincresia en derecho privado, no ilimitada *ratione materiae*, dejada o transferida a las corporaciones federales.

La invocación de los derechos históricos, las instituciones seculares y la tradición jurídica de Sincresia fundamentan el reconocimiento de la singularidad civil que nuestra CH ha querido garantizar por vía competencial. Esta ligazón histórica debe llevar o llevaría mejor a comprender el significado y el alcance de la asunción de la competencia exclusiva en materia de derecho privado, a fin de garantizar los derechos históricos populares, instituciones seculares, etc. Es decir, es exclusividad competencial.

El EF de Optimia menciona que sus ciudadanos tienen los derechos y los deberes establecidos en la CH, en los tratados con el antiguo continente sobre derechos humanos ratificados por la entelequia, así como los establecidos en el ámbito de las corporaciones federales, por sus presentes estatutos.

Un punto de reflexión sería analizar el estado y el estatus de las comunidades de personas trasladadas y residentes en otros lares de las corporaciones y entre ellas en los campos del derecho privado y en la resolución de conflictos propios de ellas. ¿Resultaría una grave colisión de intereses la diversificación y la asunción de competencias exclusivas en derecho privado?

Sin lugar a dudas, dilucidar los regímenes o sistemas que deben regir la comunidad del matrimonio en dependencia de la vecindad, o las mismas sucesiones y donaciones, no es acicate que pretenda deslucir ni negar la tradición histórica, sino evitar el peregrinaje de expedientes, la declinación y las innumerables trabas que suponen litigios en la materia.

Debe por ello preservarse la unidad jurídica, encomendado en todo caso a la entelequia el desempeño de las funciones normativas correspondientes.

IV

En síntesis/epílogo

Hasta aquí, se ha desarrollado una pequeña síntesis de la línea argumental que se considera más acertada teóricamente hablando: la aceptación con base en símbolos del concepto de federación o federalidad no deja de ser una abstracción o una ficción que conlleva la diversificación y la radicalidad de los grupos constituyentes. Quedarían muchas cuestiones en el tintero a desarrollar, pues la densidad del objeto del estudio jurisprudencial da mucho de sí.

Simplemente cabe señalar respetuosamente y de forma sencilla que la ineficacia de los órganos, cuya supresión redundaría en beneficio de los administrados y de las arcas de cualquier organización política, tales como: consejos inoperativos, comisiones, consejerías y un largo etc., y también la falta de transparencia de infinidad de organizaciones administrativas dependientes tanto de las corporaciones como de la entelequia propiamente, es un tema a reflexionar y reelaborar por el bien del administrado y la igualdad a un alto rango.

Ficción bibliográfica

STCO 20/75.
La Justicia Invertebrada (FG) (Revista 1048).
Desde la Entelequia de Derecho a la Entelequia Preventiva. (EDC) Revista (1049).
Confederación Hidrográfica 1036.
Estatuto Federal de Optimia 1122.
Estatuto Federal de Sincresia 1121.

Diccionario de términos de Historia del Derecho UBU 2005

I

Consensus. De *consentio* m., consenso, asenso, consentimiento general o unánime. // unidad, armonía, concordancia (de cosas inanimadas) // *mirus omnium doctrinarum*, el vínculo maravilloso que une todas las cosas.

Cosmos. Mundo.

Orbis. El disco lunar, el globo terrestre, el mundo, la tierra, el universo.

Caos. Estado de confusión en que se hallaban las cosas al momento de su creación, antes de que Dios las colocase en el orden que después tuvieron. Fig. confusión, desorden.

Ex nilo. De la nada.

Mons. Poder de uno.

Lapsus fluminum. Hor. La corriente de los ríos, error engaño, falta pecado // marcha, curso de los acontecimientos.

Lims. Límite.

Proto. Inicio (griego).

Civitate (civitas-civitatis). Conjunto de ciudadanos integrantes de una ciudad o de un Estado, ciudad. Estado. // *coetus hominum quoe chivitales apellantur*, Cic. Los conjuntos de hombres que llamamos estados.

Rex regulus, regis (de rego) m. Rey, monarca, soberano, príncipe.

Princeps, principis (de *primus* y *capio*). Que ocupa el primer lugar, el primero.

Ius, iuris. Derecho, justicia // *iuris initium a natura ductum est*, Cic., el fundamento del derecho radica en la naturaleza; *ius gentium*, el derecho de gentes.

Noctiluca, –ae (de *nox* y *lucco*). La luna.

Monachus. Del griego *monachós*. Anacoreta, solitario, monje.

Hospitium, -ii (de *hospes*). Plaut., Cic., Ov.,Virg. Acción de acoger, de recibir alguno como huésped. // Lugar donde se recibe al huésped; techo hospitalario, alojamiento, albergue.

Servi Terre. Siervos de la tierra.

Abigeato. Hurto de ganado.

Apostolus. Apóstol.

Cognoscet et. Conocer por los sentidos, ver, saber, reconocer.

***Eclesia* (griego).** Asamblea.

Epistecomar. Inspeccionar.

Diokeo. Administrar.

Oikos. Casa.

Diakonos (griego). Servidor.

Demeter polis. Metropolita.

Apología. Discurso de palabra o por escrito, en defensa o alabanza de personas o cosas.

Taumaturgo (griego). Obrador de milagros.

Presbíteros. Clérigo ordenado de misa o sacerdote.

Concilium, -ii. Lucr., Cic., Ov. Reunión, conjunto, concurso.

Orthos. Derecho.

Doxa. Opinión.

Iurisdictio, -onis (de *ius* y *dictio*), Cic. Accion y derecho de juzgar, de administrar justicia.

Mater. Madre.

Colligem. Colección.

In fines. Dentro del territorio.

Extra fines. Fuera del territorio.

Aurica. Personajes áuricos.

Oficium. Oficio.

Ordo. Orden.

Pechar. Pagar.

Curator, -oris (de *curo*). Procurador, administrador, mayordomo.

Defensor, -oris. El que aleja, aparta o rechaza un mal o un peligro.

Palimpsesto. Manuscrito antiguo que conserva huellas de una escritura anterior borrada artificialmente.

Traditio corpores et anime. Actos que implican la asignación de bienes a un monasterio.

Bene factori. Hacer el bien.

Fuer Legum. Fuera de la ley.

Mn, Ml. Muy noble, muy leal.

Vicedonius. Vizconde.

Had imperandum. Para tener poder.

Iudex. Imperante.

Potestas. Potestad.

Yantar. Obligación de dar de comer a los señores.

Nobilis. Clase social más destacada.

Dominus. Señor.

Cucus. Cuclillo.

II

Usus Terra. Costumbre.

Devysas. Regulación de las prestaciones señoriales de hombres de Behetria.

Monus. Único, prefijo.

Basileus, Basilei. Rey (griego).

Gratia Dei. Origen divino del poder.

Vi-Vix. El otro yo.

Ius regali. Territorios de regalías.

Regnum. Poder público del rey.

Rex. Rey.

Res nullius. Cosa de nadie.

Vox populo. Voz del pueblo.

Sumula. Digesto.

Dieta. Constituciones o tratados.

Ubi cesat statutum habem locus ius civile. Donde acaba el estatuto tiene vigencia el derecho civil.

Ratio. Razón de ser.

Consilia. *Mos italicus*, jurisprudencia por consultas.

Tractatus. Tratado.

Leges. Leyes.

Ius commune. Derecho común.

Lex imperio. Derecho romano.

Aequitas. Actuó su enorme prestigio.

Don Dei. Don divino.

Utrunque ius. Uno y otro derecho, de cristiandad. Imperio e Iglesia.

Quod principi placuit. Derecho romano y Justinianeo. Conceptos absolutistas, fundamento de las monarquías.

Legis habet vigorem. Inst. Derecho divino.

Rex gratia Dei. El rey era el vicario en el reino.

Per mes regis reinan. Por mi reinan los reyes.

Privi legum. *Lex privata,* fuero, privilegios.

Summa. Compendio.

Chozno. Cuarto nieto.

Super Arbe. Sobrarbe.

Privum Legem. *Lex privata.* Usucapión.

Idolum. Espejo (griego).

Mare comune omnium. El mar, tráfico marítimo.

Naufragium. Derecho de apoderarse de las embarcaciones encalladas.

De regis institutione. El rey mecenas.

Divisio mundi. Límites geográficos del orbe.

Primus in tempore. El primero en el tiempo.

Ius gentium. Derecho universal de todos los pueblos.

Superstite. Cónyuge.

Ius mercatorum. Derecho mercantil.

Ωβ

Índice